Regina Lehrkind

Nuri Ortak

AF199037

HeimatWurzeln

Für Badra!

**Schritt für Schritt
wird ein Weg
eine Geschichte!**

Regina Lehrkind

Nuri Ortak

HeimatWurzeln

Lyrik und Kurzprosa

Impressum

Bibliografische Information der Deutschen Nationalbibliothek:
Die Deutsche Nationalbibliothek verzeichnet diese Publikation
in der Deutschen Nationalbibliografie; detaillierte
bibliografische Daten sind im Internet über http://dnb.dnb.de
abrufbar.

© 2019 Regina Lehrkind und Nuri Ortak

Lektorat: Nuri Ortak
Titelbild: Die Rechte liegen bei Regina Lehrkind

Herstellung und Verlag: BoD – Books on Demand, Norderstedt

ISBN 9783750429598

Inhaltsverzeichnis

Staub des Krieges

- Regina Lehrkind -

Sie war neun Jahre alt, als sich der Staub des Krieges auf ihre Kinderseele legte. Es war ein schleichender Prozess, denn zuerst wurde der Krieg außerhalb der Stadt Damaskus geführt. Langsam wurde die Stadt von den Kämpfern eingekesselt und der Terror zog auch in das Stadtviertel, in dem sie mit ihrer Familie und den Verwandten lebte. Insgesamt 5 Familien teilten sich eine große Wohnung in einem Haus. Vororte von Damaskus lagen bereits in Schutt und Asche. Brennende Autos, Explosionen gehörten zum Tagesgeschehen. Aufgrund der immer näher rückenden Bedrohung und den Unruhen beschlossen ihre Eltern, dass sie in einen anderen Bezirk umziehen wollten. Die Kinder sollten in einem geschützteren Rahmen aufwachsen können und nicht über Straßen laufen müssen, die blutverschmiert und staubverkrustet waren und auf denen Trümmer und Leichenteile lagen. Viele Häuser boten ein Bild der Zerstörung und der Verwüstung, lagen in Schutt und Asche. Tränen der Angst und der Verzweiflung konnten sich nicht gegen die Gewalt des Krieges stemmen. Sie hinterließen erste Narben.

Bald war eine 1-Zimmer-Wohnung gefunden und sie zog mit ihren Geschwistern und der Mutter dort ein. Sie war die älteste von 4 Kindern. Die Familie nahm nur das Nötigste sowie Taschen mit Kleidung mit. Der Vater blieb in der alten Wohnung mit einem Onkel zurück. Sie wollten ihr Hab und Gut schützen und verteidigen, solange es nur irgendwie ging. Die Mutter fand eine Anstellung als Lehrerin und versorgte mit dem Lohn die Familie. Auch sie konnte in diesem Bezirk wieder zur Schule gehen und war glücklich. Etwas Normalität schien zurückzukehren und legte sich wie ein wohltuender Mantel um sie.

Einige Wochen später ergab es sich, dass sich die Familie wieder eine neue Wohnung suchen musste. Alle zwei bis drei Monate erhöhten die Hausbesitzer die Mieten, so dass diese exorbitant stiegen und nicht mehr bezahlbar waren. Die kleine Familie zog mit ihren Matratzen und wenigen Möbeln in eine neue Bleibe, die bedeutend günstiger war.

In dieser Zeit lebten sie immer noch ohne den Vater, der gemeinsam mit dem Onkel über die Wohnung wachte. In dem Kriegsgebiet gab es wohl Wasser, aber kaum Lebensmittel, so dass sich der Vater und Onkel u. a. auch von Blättern der Bäume ernähren mussten. Letztendlich sahen die beiden ein, dass es aussichtslos war zu bleiben, um das Hab und Gut weiter zu schützen, und waren entschlossen, sich darum zu bemühen, dass sie den Stadtteil verlassen durften. Die Soldaten, die über die Bezirke wachten, entschieden, wer aus dem Kriegsgebiet ausreisen durfte. Dem Onkel, der sehr hager war und immer kränklich aussah, wurde die Ausreise sofort gewährt. Der Vater gab an, dass er seinen sterbenskranken Bruder noch einmal sehen wolle. Niemand erkannte und prüfte die Notlüge, so wurde auch ihm glücklicher Weise die Ausreise genehmigt. Der Vater fand nach kurzer Zeit Arbeit und die Familie lebte nun gemeinsam in einem Bezirk, der unter dem Schutz des Präsidenten stand und daher auch nicht bekämpft wurde. Insgesamt zehn Mal zog die Familie aufgrund der Mieterhöhungen um. Immer wieder neu ankommen, gerade Liebgewonnenes loslassen müssen, Heimat nicht finden dürfen, zog sich wie ein roter Faden durch einige Jahre des gemeinsamen Lebens.

Als gute Schülerin schaffte sie die 5. und 6. Klasse. Aber das Glück, wieder eine Schule besuchen zu können, hielt nicht lange an. Eines Tages detonierte neben der Schule eine

Autobombe. Scheiben zerbarsten, das Gebäude bebte und die Sicherheit der Kinder war wieder in Gefahr, so dass sie zu Hause blieben, um sich zu schützen. Zu dieser Zeit lebte die Familie in einer Wohnung, die große Glasfenster hatte. Bei einer Bombenexplosion fiel eine Scheibe auf den Vater, der vor dem Fenster saß. Blutüberströmt saß er regungslos da, seine Haut war gespickt mit Scherben.

Wie konnte man das Leben unter Kriegsbedingungen erträglich und sicher gestalten? Es folgte nochmals ein Umzug in eine andere Wohnung in einem sicheren Gebiet. War und blieb es wirklich sicher? Es war die letzte Wohnung, in der sie gemeinsam in Damaskus lebten und mit der sie heute noch schöne Erinnerungen verbinden. Für eine Zeit fanden sie dort Ruhe und Geborgenheit.

Aber das sollte sich ändern, als sie 10 Jahre alt war. Sie wurde unerwartet schwer krank. Es wurde eine mittelschwere Leberentzündung diagnostiziert. Damit sie zum Arzt gehen konnte, ihr Vater bestand darauf, hatten ihre Eltern bei den Verwandten Geld gesammelt, um die hohen Arztrechnungen bezahlen zu können, denn das verdiente Geld reichte nur für Miete und Lebensmittel. Ihre Mutter und die Oma weinten viel in dieser Zeit. Auch sie hatte große Angst, denn sie hatte einen Cousin verloren, der dieselbe Erkrankung gehabt hatte. Sie spürte eine Bedrohung und tiefe Angst in sich aufkeimen. Was ihr blieb, war Hoffnung, an die sie sich fest klammerte. Aufgrund einer speziellen Ernährung und Gabe von Medikamenten war sie nach einem Monat wieder gesund. In dieser Zeit fasste die Familie den Entschluss, nach Europa zu reisen. Der Vater hatte für sich entschieden, dass er nicht mitkommen und in Syrien bleiben wolle. Doch für die geplante Reise reichte das Geld nicht. Die Mutter verkaufte die über die Zeit angesammelten Möbel, einige ließ sie für ihren Mann. Die Küchenutensilien wurden ihr anvertraut. Diese waren in Kriegszeiten begehrt und brachten viel Geld ein. Der Verkauf des Besitzes dauerte 3 Tage. Die Verwandten gaben ihrer Mutter erneut Geld. Sie packten die wichtigsten Sachen, nahmen aber auch Fotos als Erinnerung mit. Der Zeitpunkt des Abschiedes nahte und sie musste sich von ihrer Großmutter verabschieden. „Es wird kein Abschied für immer sein", so versprach sie ihrer Oma unter Tränen in ihren Armen liegend. Bei ihr war sie als Kind im Alter von 2 bis 9 Jahren aufgewachsen. Sie liebte ihre Oma über alles.

Der Tag der Abreise war gekommen. Dem Leben in ständiger Erschütterung und Zerrüttung sollte ein Ende gesetzt werden. Die Unbeschwertheit einer Kindheit war mit dem ersten Bombenangriff längst zerstört worden. Sie fuhren mit einem Auto ca. eine Stunde lang bis zu einer Bushaltestelle. Von hier aus sollte sie der Bus sie nach Aleppo bringen. Sie wurden von dem Fahrer aufgefordert, sich unauffällig zu kleiden. Sie sollten schwarze Kleidung tragen und sich mit einer Burka verhüllen. Die Mutter trug zwar ein Kopftuch, das zählte nicht, und die Kinder waren alle fröhlich bunt gekleidet. Sie fügten sich, um die Reise nicht zu Beginn zu schon zu gefährden.

Der Bus wurde während der Fahrt mehrfach von Soldaten gestoppt und die Mutter musste Schmiergeld zahlen, damit sie im Bus bleiben durften, um überhaupt nach Aleppo fahren zu können.

Dort angekommen trafen sie auf den Schleuser, der sie in die Türkei führen würde. Sie hatten zu viel Gepäck dabei und wurden aufgefordert, ihre Habe in Rucksäcke zu packen, denn sonst wäre der Weg nur schwer zu bewältigen. Viele Dinge mussten sie zurücklassen - wieder einmal bedeutete es loszulassen. Doch es blieb keine

Zeit für Trauer oder Schmerz. Von Aleppo ging es für die Familie zu Fuß in die Türkei.

In der Gruppe befand sich eine Familie, die ihren 4. Fluchtversuch unternahm. Sie waren bislang immer aufgegriffen und zurückgeschickt worden. Dies sorgte für einigen Unmut in der Gruppe und auch bei ihrer Mutter. Sie hatten aber keine Wahl, sie mussten weiter und das Risiko eingehen, dass dieses Schicksal ihnen nun allen widerfahren konnte. Auf dem Weg mussten sie durch einen Zaun steigen und eine helle Straße überqueren. Hier hatte die Gruppe nur wenige Minuten Zeit, damit sie nicht vom Militär entdeckt würden, da hier regelmäßig patrouilliert wurde. Sie blieb mit dem Schuh in diesem Zaun hängen und konnte sich nur mit Hilfe zweier Männer befreien. Das Adrenalin dröhnte in ihren Ohren. Sie musste diesen Schuh im Zaun zurücklassen und nur noch mit einem Schuh bekleidet weitergehen. Sie funktionierte wie im Rausch und rannte weiter.

Sie wollte die Freiheit und ihr Ziel nicht aus den Augen verlieren. Der Schuh wurde ihr später von folgenden Menschen aus der Gruppe wiedergegeben. Sie hatten es alle geschafft! Das Militär hatte die Gruppe nicht entdeckt. Die Gruppe verspürte Erleichterung, aber sie mussten trotz allem zügig weitergehen. Sie durften nicht entdeckt werden. Es gab keine Pausen. Nach einem dreistündigen Fußmarsch waren sie in der Türkei angekommen. Sie hatten Antalya erreicht und ihnen blieb eine halbe Stunde, um auszuruhen, bevor es weiterging.

Zum ersten Mal seit langer Zeit konnte sie atemberaubende Landschaften und einen strahlend blauen Himmel wahrnehmen. Ihre Augen saugten diese Bilder bewusst ein. Es berührte sie. Sie teilte sich ihrer Mutter mit, die leise antwortete: „Mein Kind, wir haben die Freiheit gefunden."

Am Morgen um 03.00 Uhr kamen sie in Istanbul an. Sie blickten auf das Meer. Ihre Freude war unbeschreiblich. Die Mutter hingegen blieb still, fast regungslos. Sie hatte früher oft Zeit am Meer verbracht und sie genoss den Augenblick für sich. Ein Großteil der Familie lebte in der Türkei. Ein Onkel, der zuvor informiert worden war, holte die Familie ab. Die Freude war groß, die Familie wiederzusehen. Das Wohnzimmer war zu Ehren der Mutter mit ihren Kindern dekoriert worden und die Speisen wurden großzügig aufgetragen. Endlich konnten sie duschen, frische Kleidung anziehen, sich satt essen und ausruhen.

Dass für sie in den nächsten Tagen die eigentliche Reise beginnen würde, ahnte sie zu diesem Zeitpunkt noch nicht. Ihre Mutter nahm sie zwei Tage später beiseite und erklärte ihr, dass der Weg für sie nun allein bzw. in Begleitung einer Cousine, die 20 Jahre alt war, weitergehen würde. Wie beschwerlich dieser Weg werden würde, welche Sprachbarrieren es zu überwinden galt, um in Freiheit leben zu können, war zu diesem Zeitpunkt keinem wirklich klar.

Sie packte ihren Rucksack. 2 Hosen, 1 dicker Pulli, 1 Pyjama lila im Weihnachtsdesign von der Tante geschenkt, 1 weiterer Pyjama, Hygieneartikel, ein Tuch von der Oma mit ihrem Duft in einer Tüte geschützt, 1 Spielzeug und ein Zettel mit der Handynummer der Mutter. Ein eigenes Handy besaß sie nicht. Die Mutter zeigte ihr die Kunst des Haareflechtens, damit sie sich von ihren hüftlangen Haaren, die auf dieser Reise hinderlich sein konnten, nicht trennen musste.

Unvorstellbar, was in einer Mutter vorgehen muss, wenn sie ihr Kind in die Obhut einer anderen Person gibt, damit zunächst einer der Familie in Freiheit, ohne Krieg und Terror, ein normales Leben führen kann.

Ihre Mutter weinte und sie fragte diese, warum. „Weil ich Dich vielleicht nicht wiedersehen werde?", war ihre Antwort. Sie versuchte die Mutter zu trösten, indem sie ihr sagte: „Unser gemeinsames Ziel ist Deutschland. Ich gehe den Weg für Euch vor, damit ihr nachkommen könnt. Der Krieg hat mich verändert und stark gemacht. Ich bin schon längst erwachsen." In ihr war keine Spur von Trauer, sondern es lebte die Hoffnung, das Ziel Deutschland zu erreichen.

Die Reise nach Deutschland sollte von Oktober bis Anfang Dezember 2015 dauern - 2 Monate. 6.000,00 € musste die Familie für den Weg von der Türkei bis in die Schweiz für die Bezahlung der Schleuser aufbringen - Geld, das die Familie zur Verfügung gestellt hatte. Geld, das die Familie irgendwann zurückbekommen würde.

Nach dem Abschied bezog sie mit der Cousine ein Zimmer in einem Hotel und wartete auf den Schleuser. Sie wollte ihre dreckigen Schuhe vor Beginn der Reise noch einmal reinigen. Das Schließsystem der Toilettenanlage war ihr nicht vertraut, so dass sie einen Schuh verlor, weil sich die Tür spontan hinter ihr schloss und nicht wieder öffnen ließ. Einer der Schuhe, der sie fast ins Straucheln am Zaun gebracht hatte.

So kaufte sie mit der Cousine vor der Abreise ein neues Paar Schuhe, welches eine Nummer zu groß war und sich als unbequem herausstellte.

Die Reise begann. Es war anstrengend, denn viele Strecken wurden zu Fuß bewältigt. Die Füße wurden in den zu großen Schuhen schnell müde. Die Gruppe marschierte bis zu 10 Stunden durch Waldgebiete, um unentdeckt zu bleiben. Die Angst war groß, entdeckt und aufgegriffen zu werden. Dies bedeutete die direkte Abschiebung nach Syrien. Trotz allem konnte sie die Landschaft um sich herum, die vielen Bäume, das satte Grün, bewusst wahrnehmen. Für sie war es eine Reise in die Helligkeit, denn in Damaskus war alles unter Schuttgrau begraben und jedes Leben schien aus der Stadt gewichen zu sein. Es war, als würde ihre Seele mit kostbarem Balsam gestreichelt. In der Nacht schlief die Gruppe im Wald. Oftmals wurde die Kleidung klamm oder auch richtig nass. Dies erschwerte das Weiterlaufen am nächsten Tag. Manchmal musste sie mit bis zu 70 Menschen in einen LKW steigen, der die Gruppen dann in eine Wohnung brachte. Die Angst zu ersticken oder bei einem Unfall das Leben zu verlieren, denn die Fahrstile der Schleuser waren unberechenbar, war groß. Hier konnten sie sich ausruhen und wurden mit Wasser, Lebensmitteln und Speisen versorgt.

In den zwei Monaten wiederholten sich diese Abläufe. Sie wanderten, wurden gefahren, erklommen den falschen Berg, stiegen ihn wieder hinab und wanderten weiter. Sie mussten einen Fluss durchqueren und danach in der völlig durchnässten Kleidung weiter laufen. Als sie auf das Deutsche Rote Kreuz trafen, endete eine Reise voller Anstrengung, Ängste und Torturen. Sie verweilten zwei Tage in dem Camp und wurden mit Essen und Wasser versorgt. Sie durfte sich zwei Puppen aussuchen - das gab ihr ein bisschen Heimat und Kindheit zurück. Von Österreich aus ging es mit dem Zug nach Hannover. Dort lebte sie drei Monate in einem Camp. Um das Lager herum gab es nur Häuser und einen einzigen Supermarkt „Kaufland". Sie bekam neue Kleidung und durfte sich etwas aussuchen. Die Wahl fiel auf einen Teddybären mit einer Jacke. Die Puppen und der Teddy begleiten sie noch heute. Über Hannover führte sie der Weg nach Menden zu einem Cousin, wo sie auch ihre Mutter und ihre Geschwister wieder traf. Die Mutter war mit dem Boot geflüchtet. Die Bootsflüchtlinge haben nur eine

Überlebenschance von 30%, aber ihre Familie hatte es geschafft.

Der weitere Weg führte die Familie nach Hagen.

Heute besucht sie die Sekundarschule in Altenhagen und macht gerade den Abschluss der 10. Klasse. In ihrer Freizeit engagiert sie sich ehrenamtlich und hilft älteren Menschen im MehrgenerationenCafé. Sie erklärt ihnen den richtigen Umgang mit dem Handy.

Ihre Leidenschaft ist die Fotografie. Schon während ihrer Reise nahm sie sich die Zeit, um das Besondere und die Schönheit der Natur zu sehen. Ein Teil ihrer persönlichen Freiheit, ihres neuen Lebens.

Sie kommt an.

Es ist ihre Geschichte, deren Oberfläche sie uns erzählt hat. Wir haben mit ihr eine ungeahnte Tiefe erleben dürfen. Dafür möchten wir ihr danken.

Schritt für Schritt

- Regina Lehrkind -

Schritt für Schritt
im Niemandsland
ein Weg nur fühlbar
nicht sichtbar
auf Landkarten

Vertrauen
gelegt in Hände
Fremder

Schritt für Schritt
im Niemandsland
Angst
schnürt die Luft
Atemnot

Hoffnung
lebendig der Wunsch
„Freiheit"

Schritt für Schritt
im Niemandsland
benetzt
weiches Waldbodenmoos
mit bitter süßen Tränen

Wurzeln
leise und langsam wachsen
Schritt für Schritt
in zweiter Heimat

Ein Teddybär mit Jacke

- Regina Lehrkind -

Sie suchte ihn aus, weil er diese Jacke trug und seine Knopfaugen fröhlich schauten. Es war Dezember und kalt in Deutschland und auch er sollte nicht frieren. Er gab ihr die Wärme zurück, die ihr auf der Reise mit den vielen Entbehrungen gefehlt hatte. Sie merkte erst jetzt, wie hart sie mit sich selbst gewesen war. Das Ziel, in Deutschland anzukommen, hatte sich in ihr festgebrannt. Jetzt durfte sie genießen und für den Moment auch wieder Kind sein. Ein Teddy als Begleiter und enger Vertrauter, dem sie leise ihre Ängste und Sorgen in das flauschige Ohr flüstern konnte, der diese niemanden erzählen würde. Auf ihrer weiteren Reise würde sie sich beschützt fühlen.

Heute haben sie ein Zuhause gefunden, ihre zweite Heimat. Er sitzt auf ihrem Bett und wacht über ihre Träume. Der Teddy wird sie ein Leben lang begleiten, sie werden sich gemeinsam erinnern, an den Moment des Ankommens.

Krieg
- Regina Lehrkind -

Krieg
Bilder ohne Farbglanz
Schwarz oder Weiß
dazwischen
Nichts

Sattes Blattgrün
　　Seelenstreichler
　　　　Sonnenstrahlen
　　fallen Fächergleich
　　　　auf Waldboden
　　Leichte Winde
verwehen Kriegsgrau
aus Gestern

Sehen
Bilder mit Farbglanz
Regenbogenfarben mittendrin
im Leben

Stille Heldin

- Regina Lehrkind –

Ich blicke zurück. Sehe mich im Alter von 12 Jahren. Mein Leben war wohl behütet, voller Liebe und Wärme. Ich hatte ein eigenes Zimmer, ging zum Gymnasium, bekam Orgelunterricht, machte Kampfsport, lernte Fotografieren, liebte es zu lesen. Es gab immer zu essen, zu trinken, saubere Kleidung. Meine Eltern standen mir mit Rat und Tat zur Seite und führten mich durch die ersten Stürme des Lebens. Sie bereiteten mir den Weg und waren für mich da.

Ich sehe sie. Sehe eine Jugendliche mit wunderschönen Augen, die funkeln, wenn sie erzählt. Sie hat ihrer Familie den Weg bereitet mit gerade nur mal 12 Jahren und sie war bereit dazu.

Den zerreißenden Schmerz, den ihre Mutter verspürt haben musste, als sie ihr kleines Mädchen auf die Reise - von der Türkei nach Deutschland - in die ungewisse Freiheit schickte, kann ich kaum erahnen. Sie muss es gespürt haben, dass ihre Tochter es schaffen könnte. Die Tochter, die der Mutter in der Stunde des Abschieds Trost zuspricht. Ihr erklärt, dass der Krieg in Damaskus sie längst habe reifen und stärker werden lassen. Sie erinnert die Mutter an das gemeinsame Ziel und den Wunsch auf ein Leben in Freiheit in Deutschland!

Sie trug einen Rucksack mit den wichtigsten Dingen für diese Reise, vielleicht auch mit den für sie wertvollsten Dingen. Eine Last, die sich auf ihre Schultern legte und von großer Hoffnung erleichternd getragen wurde.

Sie hat mehr erlebt als manch einer von uns.

Sie hat mehr geschafft als manch einer von uns.

Sie hat an sich geglaubt.

Sie hat an ihrem Traum festgehalten.

Sie und ihre Familie leben jetzt in Freiheit.

Am Fluss

- Regina Lehrkind -

Kaltes Wasser
durchdringt
Kleidung

Bleischwer
der Tanz
mit dem Teufel
zieht
in die Tiefe

Herzwärme
strömt langsam
im Schutz des Waldes
dennoch
erfroren der Herbst
eine Rast
unmöglich

der Weg ruft

Verlorene Kinderzeit

- Regina Lehrkind -

Im Trümmergrab des Krieges
die geliebte Puppe
verloren

Ein kalter Stein
    formschön
ein unkaputtbares Spielzeug
    ohne blaue Augen

Staub
der ewige Schleier des
Terrorwahns
schleift knirschend
das Sein

Kinderträume
längst erstickt
in blutenden Herzen

Prolog: Odyssee

- Nuri Ortak -

Sie nenne mir, Muse
Die auf verschlungenem Weg so viel erlebt,
erlitten
Und von Verbrechen daheim künden
Wo ein Menschenleben billig
Und die Freiheit Tag für Tag gefoltert

Sie nenne mir, Muse
Deren Reise ins Ungewisse
Einer hoffnungsvollen Irrfahrt gleicht
Zur Heimlichkeit verdammt
Gefahren ändern ihre Namen

Sie nenne mir, Muse
Die für das fremde Land, ihr Traumland
Ihr verheißenes Paradies, Ihr Elysium
Hab und Gut opfern
Und ihre Schriftzeichen

Sie nenne mir, Muse
Die verlorengegangen
Opfer launischen Schicksals
Unterwegs umgekommen
Ein Tropfen im Meer des Verlusts

Sie nenne mir, Muse
Die ein gütiges Geschick
Sicher an die neuen Gestade bringt
Die da Freiheit versprechen und Schutz
Und vielleicht, ja vielleicht die Heimat, die
Zweite

Stoffbär

- Nuri Ortak -

Ihren Stoffbären hält sie in Ehren.
Er wohnt noch immer in ihrem Zimmer.
Mag sich nicht von ihm trennen.
Fremde, freundlich, überreichten ihn.
Bei ihrer Ankunft.
Als die Plagen nicht vergebens gewesen.
Eine Geste, für die Worte der Dankbarkeit den
Dienst versagten.
Eine Gabe, die das Wort Willkommenskultur
nicht annähernd trifft.
Er mag ihr den Weg in die zweite Heimat
geebnet haben.
Vielleicht ermutigt er sie, wenn es schwierig
wird.
Wenn Erinnerungen hochsteigen.
Vielleicht tröstet er sie.
Vielleicht macht er ihr Mut.
Er zeugt von ihrem neuen, besseren Leben.
Ihren Stoffbären hält sie in Ehren.
Er wohnt noch immer in ihrem Zimmer.

Hab-Seligkeiten

- Nuri Ortak -

Hab-Seligkeiten
Auf der Flucht
Nur eine Tasche
Mit den nötigsten Habseligkeiten
Die doch Hab-Seligkeiten sind
Eine Brücke zwischen der alten und der zweiten
Heimat
Die Tasche an sich geklammert
Beim Pirschen durch die Wälder, die Bäume so
fremd, so schön
Beim verzweifelten Rennen
Die Häscher lauern
Sähen wir hinein, wir könnten ihren Wert nicht
ermessen

Bürgerkrieg

- Nuri Ortak -

Bürgerkrieg
Der Ring aus Feuer und Eisen immer enger
Herzen unterversorgt
Der Lärm blinden Wahnsinns immer
dröhnender
Betäubt die Ohren
Unbeirrt, unaufhaltsam, unmenschlich
Beherrscht von Todesangst
Das Haus, ihr Haus zittert
Die Gegenwehr erlahmt
Die Welt schrumpft auf den dunklen Keller
Ihr erstes Asyl
Zusammenrücken auf engstem Raum

Vor der Angst sind alle gleich

Inflation

- Nuri Ortak -

Inflation

Im Krieg schlage die Stunde der Spekulanten.
War immer so.
Ein Naturgesetz.
Die Gewinnler kennen nicht den Wert eines
Menschenlebens.
Wohl aber dessen Preis.
Harte Währung erwünscht.
Träume gegen Gegenstände gegen Geld gegen
Hoffnungen getauscht.
Mitmenschlichkeit? Ein aufmunterndes Wort?
Gegen Aufpreis, versteht sich.
Verzweiflung treibt die Kurse hoch.
Kapitalismus blüht mitten in den Trümmern.
Rankt sich empor.
Opfer bekämpfen Opfer.
Um des Überlebens willen.

Inflation der Verzweiflung.

Straßen

- Nuri Ortak -

Straßen, planiert
Weisen Wege
In den Tod
Blutrot gefärbt der Asphalt
Undenkbar, unmöglich, hier zu bleiben
Sie zu befahren

Weisen Wege
In ein anderes Leben
Versteckt, zusammengepfercht im Transporter
Immer weiter weg
Immer näher hin

Weisen Weg
Zum Ziel
Das – noch - fremde Land
Wo das Weiterleben gedacht werden kann

Es gibt sie, die eine, die richtige Straße

Doch sie will gefunden sein

Trost

- Nuri Ortak -

In der Theorie bezweckt Trost, ein psychisches Defizit des Gegenübers durch Worte und gegebenenfalls Gesten zu beheben. Eine emotive Homöostase wiederherzustellen. Etwas wieder ins Lot zu bringen.

Genau das tun Trostspender, auch wenn sie es wohl schwerlich so ausdrücken würden.

Und genau das tat sie. Sie, die doch selbst Trost so nötig hatte.

So verschmolzen die Rollen der Trostsuchenden und Tröstenden in ihr.

Sie war beides zugleich.

Vielleicht, weil es tröstet zu trösten.

Vielleicht, weil jede Theorie grau ist.

Epilog: Fragen
- Nuri Ortak -

Angekommen in fremdem Land

Vergangen zahllose Gefahren

Sind wir der Mühen, der Ängste, der Leiden würdig?

Können wir Erinnerungen lindern?

Lächeln wir freundlich zurück, da uns die Willkommenskultur vielleicht verlässt?

Bemühen wir uns, ihre Geschichte zu verstehen?

Sind wir Heimat?

Wir können die Antworten geben

Wir sollten es

Irrlichter

- Nuri Ortak -

Irrlichter
Alles ist erleuchtet - auf einmal
Grell - nicht hell
Gleißend
Beißend
Scherben prasseln regengleich
Splitter kerben Haut, schutzlos
Sicherheit nirgendwo
Kinder gegeiselt
Erwachsene verfallen dem Wahnsinn
Ihre Irrlichter ein Funkenflug

Zerstörtes Land bettet sich auf Stein
Humanitaet geborsten
Es wird der Tag des Wiederaufbaus kommen
Von Trümmern
Von Trümmern nur

Krieg fragt nicht

Krieg ist

Die Autoren

Regina V. Lehrkind

Geboren 1969 in Trepuzzi / Italien, schreibt seit 1986 Lyrik und Kurzprosa. Sie kreiert mit Worten Bilder und lässt diese sprechen. Erfahrungen festhalten, Unausgesprochenes sprechbar machen, den normalen Alltag verändern, alles in ein neues Licht bringen, Leben mit Wortkleidern schmücken. Sie ist Mitglied der Autorinneninnung e.V.

Nuri Ortak

Geboren 1971 in Hagen, schreibt seit fast 25 Jahren Texte aller Art. Er ist besonders an den Höhen und Tiefen der deutschen Sprache interessiert und hofft, dass dies auf Gegenseitigkeit beruht.

Literatur sollte nutzen und erfreuen – keine ganz neue, aber eine gültige Erkenntnis.